GUÍA PARA EL LÍDER

La AGENDA del Reino

Comunidad renovada

Por Tony Evans

Tony Evans nos enseña, de una manera sencilla, cómo podemos vivir *La agenda del reino* en una sociedad corrupta, injusta, racista, avara e inculta.

DEDICADOS A LA EXCELENCIA

La misión de Editorial Vida es proporcionar los recursos necesarios a fin de alcanzar a las personas para Jesucristo y ayudarlas a crecer en su fe.

LA AGENDA DEL REINO - GUÍA PARA EL LIDER / COMUNIDAD RENOVADA
© 2006 EDITORIAL VIDA
Miami, Florida

Publicado en inglés con el título:
THE KINGDOM AGENDA FOR A RENEWED COMMUNITY / LEADER'S GUIDE
POR COOK COMMUNICATIONS MINISTRIES
© 2000 COOK COMMUNICATIONS MINISTRIES

Traducción: *Silvia Himitian*
Edición: *Virginia Himitian*
Diseño de interior y cubierta: *Pablo Snyder*

Reservados todos los derechos. A menos que se indique lo contrario, el texto bíblico se tomó de la Santa Biblia Nueva Versión Internacional © 1999 por la Sociedad Bíblica Internacional.

ISBN-10: 0-8297-4666-8
ISBN-13: 978-0-8297-4666-2

Categoría: *Estudios bíblicos / Estudios generales / General*

Impreso en Estados Unidos de América
Printed in the United States of America

06 07 08 09 ❖ 6 5 4 3 2 1

Índice

Nota personal de Tony Evans 3

Introducción al curso 4

Semana 1: Justicia divina en un mundo moralmente corrupto 7

Semana 2: Un diseño divino para la comunidad. 14

Semana 3: Seguridad económica en el reino 21

Semana 4: Una sociedad daltónica 28

Semana 5: Dios, político del universo 35

Semana 6: El instituto de altos estudios de Dios 42

Estimados amigos:

    Bienvenidos al programa de estudios de discipulado *La agenda del reino*. Es mi deseo que Dios use este estudio para capacitarnos e inspirarnos en nuestro caminar con Dios. A medida que vayamos desarrollando nuestra vida espiritual a través de este estudio y vayamos aplicándolo a las otras instituciones del reino, como lo son la familia, la iglesia y la comunidad, creo que descubriremos que estamos entrando en una esfera totalmente nueva de la vida espiritual y podremos apreciar la forma en que la perspectiva del reino se aplica a la totalidad de la vida.

    Que Dios pueda utilizar este estudio para transformar nuestras vidas y equiparnos para vivir toda su existencia según *La agenda del reino*.

Dr. Tony Evans

INTRODUCCIÓN AL CURSO

Dirigir un pequeño grupo semanal puede resultar una bendición para nosotros y para otros, pues vamos descubriendo juntos lo que significa vivir como ciudadanos del reino en nuestras familias, iglesia y comunidad. Nuestros primeros pasos tendrán que ver con «inscribir» gente para el curso, establecer el lugar y la hora de la reunión semanal, y asegurarnos de que cada uno tenga los apuntes del alumno *por lo menos una semana antes de la reunión.*

Notemos que esta guía comienza directamente con la Sesión 1. Se presupone que los participantes ya tienen su guía y que han pasado una semana completa realizando lecturas diarias antes de la reunión. Así que debemos planificar por adelantado alguna de estas dos posibilidades: 1) Proporcionarle un libro a cada persona una semana antes de la reunión, o 2) llevar a cabo una reunión introductoria antes de comenzar con el curso propiamente dicho.

Cualquiera de las dos opciones funciona bien. Si elegimos la primera, podemos hacerle una visita personal a cada participante, o encontrarnos con él brevemente en la iglesia. Sea lo que fuere que decidamos hacer, pongámonos en contacto con cada persona que ha expresado interés en el curso y entreguémosle el manual del alumno. Brindémosle una explicación completa acerca del curso y cómo se ha organizado. Enfaticemos en especial la importancia de las lecturas diarias y las respuestas requeridas por la guía.

Si nos decidimos por la segunda opción, anunciemos que llevaremos a cabo una reunión con el propósito de reunir a todos antes de la primera sesión. Durante esta reunión, disfrutaremos de un tiempo de comunión. También separemos tiempo para:

- Completar tarjetas con los nombres de todos y luego presentar a cada uno.
- Conseguir los números de teléfono y direcciones y distribuir lo antes posible esta información entre todos los participantes.
- Dar un pantallazo general del contenido y la filosofía del curso, y hacer una reseña del autor, el Dr. Tony Evans.
- Entregar los libros y explicar que las lecturas diarias se articulan con las reuniones semanales de los pequeños grupos.
- Comprometer a los participantes a ser fieles con la lectura y con los encuentros.
- Crear un espacio para preguntas. Asegurarnos de que todos los miembros del grupo comprendan claramente el compromiso que están asumiendo. Enfatizar que el curso durará seis semanas. Luego de este período, el grupo decidirá si desea continuar con el siguiente libro de la serie *La agenda del reino.*

CÓMO CONDUCIR LAS SESIONES

Recordemos que debemos funcionar como moderadores de los debates más que como maestros. Al igual que los miembros del grupo, nosotros también dedicaremos tiempo a realizar las lecturas diarias de guía del alumno y a reflexionar cómo se relacionan los principios bíblicos con nuestro tránsito por la senda del crecimiento espiritual. También responderemos las preguntas de la guía, y nos prepararemos para transmitir nuestras propias perspectivas y comentarios al grupo.

Luego, al reunirnos para el encuentro, dirigiremos a los participantes paso a paso a través de una sesión que durará unas dos horas. Este tiempo que pasaremos juntos estará dedicado mayormente a *repasar lo que los miembros del grupo han aprendido durante la semana,* guiándose por las pautas señaladas en la guía para el alumno. Nuestra tarea consiste en lograr que este proceso se desarrolle de la manera más fluida posible.

Además de nuestra lectura diaria de la guía para el Alumno, tratemos de tomarnos alrededor de una hora antes de cada sesión como tiempo de preparación para liderar al grupo. Notemos que es preciso fotocopiar las *hojas de recursos* para cada sesión por adelantado. Además, si decidimos utilizar el material opcional de *Inicio creativo de sesión* o el de *Conclusión creativa de sesión,* debemos constatar qué elementos adicionales resultan necesarios para las actividades que se sugieren. Incluimos a continuación una información amplia con respecto a algunos de los ítems que aparecerán en cada una de las seis sesiones:

- ***Prepararnos para atender al grupo.*** Esto consiste en un breve devocional para el líder que podemos utilizar al preparar nuestro corazón y nuestra mente para encarar el tema que se desarrollará en esa sesión, enfocándolo desde las necesidades de los miembros del grupo.

- ***Realizar un seguimiento personalizado de los miembros del grupo.*** A medida que cada uno vaya llegando, podemos dedicarle unos momentos, para informarnos personalmente sobre su situación. Averigüemos qué es lo que está sucediendo con las personas. Sería una buena oportunidad para que los miembros del grupo fortalecieran sus relaciones al explicar la forma en la que están trabajando en áreas como el cambio en su estilo de vida y el crecimiento.

- ***Repasar las perspectivas de la semana.*** A esta altura será necesario distribuir las fotocopias de la sección «¿Listos para recapitular?» y trabajar con los miembros del grupo recordando los contenidos de «Buscar nuevas perspectivas» que han leído durante la semana.

- ***Reflexionar y conectar.*** En este punto debemos generar un debate a partir de las respuestas que dieron los estudiantes en las secciones «Reflexionar» y «Conectar» de sus guías. Utilicemos la sección «Cita al punto», cuando sea necesario, para que el debate resulte provechoso.

- *Aplicar la verdad.* En este ítem los invitaremos a formar grupos pequeños o a trabajar de a dos, utilizando la hoja de recursos «Hablémoslo a fondo», para analizar cómo pueden aplicar de una manera práctica en sus vidas las lecturas de la semana.

- *Considerar el compromiso.* Los miembros del grupo conversarán acerca de lo que creen necesario hacer (los pasos específicos a dar) para crecer en las áreas en las que se les haya presentado un desafío.

- *Registro semanal de oración.* Mientras dure el curso, mantengamos un registro actualizado de los pedidos de oración. Cada semana podemos utilizar este espacio de la Guía del Líder con el fin de revisar por qué temas hemos orado. Consideremos lo que hemos pedido y las respuestas recibidas. ¡Hagamos que la oración constituya una parte importante de los encuentros del grupo!

- *Cita al punto.* Consiste en citas medulares tomadas del libro del Dr. Evans *The Kingdom Agenda: What a Way to Live!* Utilicémoslas para generar el debate en cualquier momento de las reuniones del grupo. Cada cita viene acompañada por una pregunta sugerida para el debate.

- *Hojas de recursos.* Con cada lección se acompañan dos hojas de recursos para fotocopiar. La primera, «¿Listos para recapitular?» se centra en una revisión de la información recibida. Utilizándola, los alumnos recordarán los contenidos que han acopiado durante las lecturas diarias. Con la segunda hoja, «Hablémoslo a fondo», se conducirá a los miembros del grupo a una consideración con el fin de aplicar el tema a la vida. El propósito de esta hoja es lograr que todos hablen acerca de cómo las lecturas se conectan con las actitudes y los hechos de la vida cotidiana.

Resulta fundamental construir un sentido comunitario dentro del grupo. Una de las maneras de fomentarlo es lograr que el grupo haga un pacto durante las semanas en que se reúna. Podemos pedirles a los miembros que se comprometan a asistir regularmente, a guardar en confidencia lo que escuchen unos de otros, y a estar disponibles para los demás, más allá del tiempo de las reuniones. Hagámosles saber que pueden llegar a ser amigos y crecer en la comunión en su vida diaria. El hecho de que cuenten con los números de teléfono y las direcciones de e-mail de los otros facilitará el fortalecimiento de los lazos de amor cristiano. Comprometámonos a buscar este crecimiento.

Entonces… ¿estamos listos para comenzar? Recordemos que este curso ha sido diseñado para funcionar de una manera extremadamente flexible y adaptable a las necesidades particulares. ¡Permitamos que el Espíritu Santo sea nuestra guía en cada sesión de grupo!

SEMANA 1: JUSTICIA DIVINA EN UN MUNDO MORALMENTE CORRUPTO

PREPARARNOS PARA ATENDER AL GRUPO

Démosle la bienvenida a esta oportunidad que nos permitirá influir sobre la vida de otros con verdades bíblicas que actúen como disparadores del pensamiento. Por ser líderes de grupo, estamos en una posición privilegiada para promover cambios positivos en las vidas individualmente, en las iglesias y en las comunidades al enseñar acerca de la agenda del reino. Para comenzar, demos la bienvenida a los miembros del grupo de estudio, y asegurémonos de que todos se sientan cómodos. Nuestra actitud de dar una buena acogida creará una atmósfera propicia para el crecimiento espiritual y para establecer lazos de comunión duradera. Tomemos el cuidado de iniciar el estudio en oración y con acción de gracias.

Objetivos para nuestro tiempo de reunión:
1. Definir lo que es injusticia, moralidad, y justicia social.
2. Analizar las diferencias entre la justicia bíblica y la justicia secular.
3. Considerar la manera en que Dios reacciona ante al pecado.

REALIZAR UN SEGUIMIENTO PERSONALIZADO DE LOS MIEMBROS DEL GRUPO

¿Cómo estamos?
- ¿Qué cosas han sucedido en nuestra vida durante esta semana?
- A partir de nuestra experiencia, ¿qué cuestiones, preocupaciones, o alegrías quisiéramos transmitir a los demás?
- Supervisar cómo van llevando adelante sus responsabilidades: ¿Cómo vamos con...?

INICIO CREATIVO DE SESIÓN *(optativo)*: La sesión de apertura de este curso se relaciona con un tópico que ha ido creciendo paulatina y firmemente dentro de las primeras líneas de nuestra cultura. Así que podemos comenzar enfocando los temas de la injusticia y la inmoralidad. Para romper el hielo podemos repartir páginas de diarios viejos que hayamos seleccionado antes de la sesión. Demos a cada uno de los miembros una o dos páginas y pidámosles que encuentren en ellas una de estas cosas: 1) el nombre de pila de alguna de las personas del grupo, 2) algo que resulte descriptivo de una de ellas. Esta manera de romper el hielo cumplirá dos propósitos: permitirá que los miembros del grupo se conozcan y les proveerá la oportunidad de repasar superficialmente diversos títulos de noticias que tienen que ver con los temas de las lecciones. Será importante hacer alguna breve mención sobre estas cuestiones.

Al realizar la transición de la actividad introductoria al Manual del alumno, tomémonos unos momentos para responder cualquier pregunta que tuvieran los miembros del grupo con respecto a las lecturas diarias. Si fuere necesario, dispongamos algunos minutos extra para elaborar sus comentarios, dado que esto contribuirá a promover el debate sobre la agenda del reino durante el tiempo que pasemos juntos.

REPASAR LAS PERSPECTIVAS DE LA SEMANA

A. Recordemos las ideas: Utilizando la hoja de la semana 1 «¿Listos para recapitular?», trabajemos con los miembros del grupo para recordar el contenido de «Buscar nuevas perspectivas» –la información, los conceptos, las ideas– que los alumnos han estado estudiando día a día durante la última semana. ¿Qué es lo que el Dr. Evans ha querido decir? Descubramos cuánto recuerdan los participantes y estemos preparados para aclarar o hacer breves comentarios.

REFLEXIONAR Y CONECTAR

B. Aportemos nuestras propias respuestas: Invitemos a los asistentes a hacer un aporte libre guiándose por sus propias respuestas incluidas en la guía bajo los títulos de «Reflexionar» y «Conectar». Nuestro objetivo aquí es generar un debate sobre las ideas principales que están expresadas en las lecturas semanales. Podemos utilizar la «Cita al punto» que aparece a continuación para mantener vivo el debate.

Cita al punto 1

¿Qué otra nación hay tan grande como la nuestra? ¿Qué nación tiene dioses tan cerca de ella como lo está de nosotros el SEÑOR nuestro Dios cada vez que lo invocamos? ¿Y qué nación hay tan grande que tenga normas y preceptos tan justos, como toda esta ley que hoy les expongo? —Deuteronomio 4:7-8

- *Como resultado de la obediencia de Israel, Dios reveló su presencia al pueblo. ¿Cómo podría la cultura de nuestros días impulsar a Dios a acercarse? ¿Tenemos alguna idea práctica al respecto?*

APLICAR LA VERDAD

C. Hablemos de la aplicación personal: Juntémonos de a dos o en pequeños grupos y utilicemos la hoja «Hablémoslo a fondo» de la semana 1, para considerar cómo podemos aplicar de una manera práctica las lecturas de la semana a nuestra vida cotidiana. Una vez que los pequeños equipos de trabajo vayan terminando con su análisis, reunámonos todos nuevamente. Pidamos a cada grupo pequeño (o a cada pareja) que dé un breve informe sobre sus percepciones al respecto, que transmita las preguntas que les queden sin resolver, y que expongan sus conclusiones. Con este fin, pidámosles a los estudiantes que también se guíen por las respuestas que incluyeron en su guía bajo el título «¿En qué me afecta?»

Cita al punto 2

A causa de que el pueblo de Dios había rechazado su ley, los malvados ejercían el control y establecían sus propias reglas. Cada vez que la gente establece sus propias normas acerca de lo que es justo, la sociedad se mete en problemas: Somos gente pecadora por naturaleza, así que nuestras leyes van a resultar defectuosas.
—Dr. Tony Evans

- *¿Podemos pensar en algunas leyes hechas por los hombres que claramente contradigan las pautas establecidas por Dios para la sociedad?*

CONSIDERAR EL COMPROMISO

D. Analicemos las respuestas a la luz de nuestra vida: Este será un momento para realizar aportes a partir de la sección «Avanzar hacia un compromiso» de nuestros manuales del alumno. Estimulemos a los miembros del grupo a ser específicos al hablar de las medidas que deberían tomar a fin de crecer en las áreas en las que el Dr. Evans nos presenta desafíos. También asegurémonos de que todos sepan que pueden contar con la confidencialidad del grupo.

Cita al punto 3

La idea sobre la que se funda la justicia penal norteamericana es la de pagar la deuda que una persona tiene con la sociedad a través de un castigo infligido al ofensor. Pero según la justicia bíblica, la idea es que se pague la deuda a la víctima. Cuando simplemente se encierra a un criminal durante veinte años, lo que él le hizo a la víctima nunca realmente se atiende.
—Dr. Tony Evans

CONCLUSIÓN CREATIVA DE SESIÓN *(optativo)*: Distribuiremos lápices y papel. Luego formar dos equipos para competir. Les diremos que van a realizar una «competencia bíblica» uno contra el otro. Indícales que cada grupo deberá pasar algún tiempo confeccionando una lista de preguntas relacionadas con la Biblia, y especialmente enfocadas hacia cuestiones que tienen que ver con los temas de la lección. Luego haremos que los dos equipos se pregunten el uno al otro en forma alternada. Podemos llevar un puntaje por las respuestas, si lo deseamos. Pero pongamos atención en hacer comentarios puntuales con respecto a la justicia de Dios en el reino cuando que resulten apropiadas.

Al comenzar a hacer el cierre de la sesión del día, alentemos al grupo a confiar en la justicia divina del Señor y a aplicarla en todas las áreas de la vida.

REVISAR EL REGISTRO SEMANAL DE ORACIÓN

E. Oremos juntos

Presentamos aquí un plan para coordinar el tiempo de oración del grupo. Debemos mantener actualizado el registro de las cargas y pedidos de oración, revisándolo y renovándolo cada semana.

1. *¿Por qué cosas hemos estado orando? ¿Qué motivos de oración hemos anotado en la sección «Tiempo de oración» del manual durante la semana? (Repasemos con los miembros del grupo la sección diaria de «Tiempo de oración» de cada uno.)*

- *Cargas:*

- *Alabanza y gratitud:*

- *Peticiones:*

2. *¿Hemos asumido algún compromiso que el grupo pueda respaldar a través de la oración y el aliento diarios? (Repasemos junto con los miembros del grupo la sección diaria «Avanzar hacia un compromiso».)*

3. *¿Qué nuevos asuntos deberíamos agregar al Registro de oración semanal de nuestro grupo?*

AGREGAR ELEMENTOS DE IMPACTO

(Optativo) Si queda tiempo y percibimos interés, antes de que los miembros del grupo regresen a sus casas, pueden alentarse unos a otros aportando uno o más pasajes de las Escrituras que hayan estudiado durante la semana en la sección «Examinar la Palabra». Pueden contarnos sobre pasajes específicos que hayan hecho «sonar una campanita» dentro de ellos. También pueden realizar algún comentario breve sobre alguna de las preguntas referidas a las Escrituras que aparecen debajo.

- *Leer Santiago 2:13. ¿Qué dice la Biblia con respecto al juicio y la compasión? ¿Qué sucede cuando nos concentramos en uno y olvidamos el otro?*

- *Deuteronomio 24:17 nos insta a juzgar a los extranjeros, a los huérfanos y a las viudas con justicia. ¿De qué manera demuestra nuestra cultura este tipo de preocupación por las personas desvalidas? ¿Dónde encontramos fallas en esta área?*

- *Proverbios 8:15 declara: «Por mí reinan los reyes y promulgan leyes justas los gobernantes». Dios les ha dado a los funcionarios del gobierno la autoridad para emitir decretos con justicia. En nuestra opinión, ¿nuestros líderes políticos cumplen con el mandato dado por Dios de gobernar justamente? Demos un ejemplo.*

Sesión de grupo 1

Utilicemos los espacios que aparecen debajo para tomar notas a medida que los miembros del grupo nos transmiten sus cargas de oración. Luego establezcamos juntos el método que usaremos para orar. Como grupo revisemos periódicamente este registro para detectar qué oraciones ya han sido respondidas, y obtener información actualizada.

Nombre	*Fecha*	*Carga / Gratitud / Petición*

¿Listos para recapitular?

Semana 1: Justicia divina en un mundo moralmente corrupto

Dediquemos algún tiempo a repasar lo que hemos aprendido durante la semana. Elijamos algunas de estas preguntas (o todas) para hacer la revisión con los miembros del grupo:

- (Día 1) Definir la palabra justicia:

- (Día 2) Dios tenía tres maneras de tratar con el delito en la Biblia. ¿Cuáles eran, y de qué manera se aplican hoy?

1.

2.

3.

- (Día 3) ¿Cuál es la mayor demostración de misericordia que encontramos en la Biblia?

- (Día 4) ¿Qué tienen que ver la misericordia, el arrepentimiento y el perdón con la justicia divina?

- (Día 5) ¿Qué significaría hoy «inclinarnos ante el código moral de Dios»?

- ¿Qué otra información, conceptos o preguntas de nuestro estudio semanal nos gustaría destacar ante el grupo en este momento? (Sintámonos libres para mercionar pasajes de la Escritura tomados del apartado «Examinar la Palabra».)

Se concede permiso para fotocopiar esta página solo para uso ministerial.

Hablémoslo a fondo

Semana 1: Justicia divina en un mundo moralmente corrupto

De a dos, o en pequeños grupos, considerar las preguntas de aplicación práctica que aparecen a continuación. El líder asumirá la dirección para poder centrarnos en las preguntas específicas. Estemos preparados para presentar un resumen de lo que se ha debatido en los pequeños grupos –junto con cualquier otra perspectiva clave– delante de todo el grupo cuando volvamos a reunirnos.

- El **día 1** aprendimos que la justicia social es una de las cuestiones que presentan más dificultades en cuanto a implementación dentro de la sociedad. ¿Podemos mencionar algunos principios bíblicos en este sentido?

- En el **día 2** aprendimos que la demostración más obvia de la justicia de Dios en toda la Biblia es la doctrina del infierno. Debatir con los miembros del grupo las razones por las que muchas personas eligen ignorar esta doctrina.

- Completemos esa frase que encontramos el día 3 en la que Jesús dice: «Padre, perdónalos...»

- Definir el término jubileo, de acuerdo con la enseñanza del dia 4:

- ¿Por qué resulta necesario, de acuerdo con lo señalado el día 5, que nuestro sistema de justicia realice cambios significativos?

- ¿Qué otros conceptos, perspectivas o aplicaciones relacionados con nuestra semana de estudio nos gustaría mencionar? (Sintámonos libres para mencionar las Escrituras especialmente significativas que hayamos leído en «Examinar la Palabra».)

Se concede permiso para fotocopiar esta página solo para uso ministerial.

SESIÓN DE GRUPO 2

SEMANA 2:

UN DISEÑO DIVINO PARA LA COMUNIDAD

PREPARARNOS PARA ATENDER AL GRUPO

Para cuando acabemos de completar toda la serie de *La agenda del reino*, del Dr. Evans, habremos cubierto cada aspecto de la vida. Esta sesión nos ayudará a acercarnos a esa meta, junto con los otros miembros del grupo. En la sesión de hoy estudiaremos las diferentes formas que adquiere la justicia, incluyendo los aspectos personales, familiares eclesiales y estatales. También aprenderemos acerca de la economía del reino —del uso que debemos hacer del dinero— y sobre otras áreas que configuran un modelo para la sociedad. Informemos al grupo que las cuestiones a debatir durante esta sesión los incentivarán a examinar algunas actitudes y predisposiciones mentales muy arraigadas con referencia a la justicia social.

Objetivos para nuestro tiempo de reunión:
1. Analizar diversos temas relacionados con la justicia social.
2. Alentar a los miembros del grupo a que obedezcan a Dios para evitar que caiga sobre ellos su juicio.
3. Definir qué es el favoritismo y explicar por qué Dios lo detesta.

REALIZAR UN SEGUIMIENTO PERSONALIZADO DE LOS MIEMBROS DEL GRUPO

¿Cómo estamos?
- ¿Qué cosas han sucedido en nuestra vida durante esta semana?
- A partir de nuestra experiencia, ¿qué cuestiones, preocupaciones, o alegrías quisiéramos transmitir a los demás?
- Supervisar cómo van llevando adelante sus responsabilidades: ¿Cómo vamos con…?

INICIO CREATIVO DE SESIÓN *(optativo)* Comencemos la sesión de nuestro estudio hoy haciendo circular pequeños papeles entre los miembros del grupo en los que puedan escribir. Les pediremos que anoten el nombre de su grupo musical favorito, así como también su cantante, actor o actriz preferidos. Indiquémosles que pueden incursionar también en otras áreas, como ser sus comidas favoritas o los programas de televisión que más les gustan. Pidámosles que cuando hablen con otros miembros del grupo sobre sus elecciones, les expliquen por qué prefieren a ese grupo o a esa cosa por sobre los demás. Solicitémosles que indiquen la diferencia que existe entre las elecciones que se basan en preferencias personales y las que se relacionan con una disparidad económica. Informaremos al grupo que parte de la lección de hoy tratará sobre un tipo de favoritismo negativo, y acerca de cómo se siente Dios con respecto a ello.

SESIÓN DE GRUPO 2

REPASAR LAS PERSPECTIVAS DE LA SEMANA

A. Recordemos las ideas: Utilizando la hoja de la semana 2 «¿Listos para recapitular?», trabajemos con los miembros del grupo para recordar el contenido de «Buscar nuevas perspectivas» –la información, los conceptos, las ideas– que los alumnos han estado estudiando día a día durante la última semana. ¿Qué es lo que el Dr. Evans ha querido decir? Descubramos cuánto recuerdan los participantes y estemos preparados para aclarar o hacer breves comentarios.

REFLEXIONAR Y CONECTAR

B. Aportemos nuestras propias respuestas: Invitemos a los asistentes a hacer un aporte libre guiándose por sus propias respuestas incluidas en el manual bajo los títulos de «Reflexionar» y «Conectar». Nuestro objetivo aquí es generar un debate sobre las ideas principales que están expresadas en las lecturas semanales. Podemos utilizar la «Cita al punto» que aparece a continuación para mantener vivo el debate.

Cita al punto 1

Cuando el dinero constituye un fin en sí mismo –y no está ligado a ninguna meta del reino– se vuelve perverso. —Dr. Tony Evans

- *Mencionar algunas maneras en que la gente demuestra que el dinero es «un fin en sí mismo».*

APLICAR LA VERDAD

C. Hablemos de la aplicación personal: Juntémonos de a dos o en pequeños grupos y utilicemos la hoja «Hablémoslo a fondo» de la semana 2, para considerar cómo podemos aplicar de una manera práctica las lecturas de la semana a nuestra vida cotidiana. Una vez que los pequeños equipos de trabajo vayan terminando con su análisis, reunámonos todos nuevamente como grupo. Pidamos a cada grupo pequeño (o a cada pareja) que dé un breve informe sobre sus percepciones al respecto, que transmita las preguntas que les queden sin resolver, y que expongan sus conclusiones. Con este fin, pidámosles a los estudiantes que también se guíen por las respuestas que incluyeron en su manual bajo el título «¿En qué me afecta?»

Cita al punto 2

Santiago, alguien que vivió en tiempos del Nuevo Testamento, declaró que el favoritismo es pecado. Se trata de una forma de injusticia. Y no debería haber injusticia dentro de la iglesia. Esto significa que aquellos miembros de la iglesia que practican cualquier forma de discriminación deben ser confrontados en amor, y si de allí en más continúan sin arrepentirse, debe señalárselos públicamente. —Dr. Tony Evans

- *La Biblia revela que Dios odia los favoritismos de cualquier tipo. Y, sin embargo, la gente demuestra esta clase de conducta aun dentro de la iglesia. ¿Por qué resulta el favoritismo tan ampliamente perjudicial para el cuerpo de Cristo?*

CONSIDERAR EL COMPROMISO	**D. Analicemos las respuestas a la luz de nuestra vida:** Este será un momento para realizar aportes a partir de la sección «Avanzar hacia un compromiso» de nuestros manuales del alumno. Estimulemos a los miembros del grupo a ser específicos al hablar de las medidas que deberían tomar a fin de crecer en las áreas en las que el Dr. Evans nos presenta desafíos. También asegurémonos de que todos sepan que pueden contar con la confidencialidad del grupo.
Cita al punto **3**	**El ser humano fue diseñado para cultivar y desarrollar los bienes materiales bajo la dirección de Dios y con su bendición, dado que a Adán se le dio dominio sobre toda la tierra. El fracaso en lograr esto se debe al pecado, y no a que los recursos naturales del planeta se hayan agotado.** —Dr. Tony Evans
	CONCLUSIÓN CREATIVA DE SESIÓN *(optativo)*: Al cerrar la sesión, asegurémonos de enfatizar la necesidad de que haya una justicia social divina. Es importante que conozcan lo que sucede cuando la humanidad se rehúsa a obedecer las reglas de Dios; porque su justicia divina prevalece. ¿Y qué ocurre cuando no existe ningún tipo de justicia? Pidamos a los miembros del grupo que hagan comentarios sobre algunos de los sucesos internacionales acerca de los que han leído durante la semana pasada, o visto en la televisión. Tendrán suficientes historias con respecto a luchas y matanzas en todo el mundo como para percibir aunque sea un somero atisbo de lo que podría suceder en el mundo si la influencia de Dios no las restringiera. Puesto de manera simple, nos autodestruiríamos. Alentemos al grupo a orar pidiendo que prevalezca la justicia divina del Señor, juntamente con su misericordia, en el mundo, en nuestros hogares y en nuestros vecindarios.
REVISAR EL REGISTRO SEMANAL DE ORACIÓN	**E. Oremos juntos** Presentamos aquí un plan para coordinar el tiempo de oración del grupo. Debemos mantener actualizado el registro de las cargas y pedidos de oración, revisándolo y renovándolo cada semana.

1. ¿Por qué cosas hemos estado orando? ¿Qué motivos de oración hemos anotado en la sección «Tiempo de oración» del manual durante la semana? (Repasemos con los miembros del grupo la sección diaria de «Tiempo de oración» de cada uno.)

- *Cargas:*

- *Alabanza y gratitud:*

- *Peticiones:*

2. *¿Hemos asumido algún compromiso que el grupo pueda respaldar a través de la oración y el aliento diarios? (Repasemos junto con los miembros del grupo la sección diaria «Avanzar hacia un compromiso».)*

3. *¿Qué nuevos asuntos deberíamos agregar al registro de oración semanal de nuestro grupo?*

AGREGAR ELEMENTOS DE IMPACTO

(Optativo) Si queda tiempo y percibimos interés, antes de que los miembros del grupo regresen a sus casas, pueden alentarse los unos a los otros aportando uno o más pasajes de las Escrituras que hayan estudiado durante la semana en la sección «Examinar la Palabra». Pueden contarnos sobre pasajes específicos que hayan hecho «sonar una campanita» dentro de ellos. También pueden realizar algún comentario breve sobre alguna de las preguntas referidas a las Escrituras que aparecen debajo.

- *De acuerdo con el Salmo 72:1-2, los líderes deben juzgar al pueblo de Dios de una determinada manera. ¿Qué sucede cuando los líderes ignoran esas pautas?*

- *A causa de la conducta de Israel, leemos sobre las consecuencias de su pecado. Comparar Isaías 59:4 con Isaías 59:9 y explicar que es lo que sucede cuando no obedecemos a Dios.*

- *Vemos un ejemplo de justicia en la familia en el Salmo 68:5. ¿A quién defiende Dios en este pasaje de las Escrituras y por qué?*

Utilicemos los espacios que aparecen debajo para tomar notas a medida que los miembros del grupo nos transmiten sus cargas de oración. Luego establezcamos juntos el método que usaremos para orar. Como grupo revisemos periódicamente este registro para detectar qué oraciones ya han sido respondidas, y obtener información actualizada.

Nombre	*Fecha*	*Carga / Gratitud / Petición*
_____	_____	_____
_____	_____	_____
_____	_____	_____
_____	_____	_____
_____	_____	_____
_____	_____	_____
_____	_____	_____
_____	_____	_____
_____	_____	_____
_____	_____	_____

¿Listos para recapitular?

Semana 2: Un diseño divino para la vida en el reino

Dediquemos algún tiempo a repasar lo que hemos aprendido durante la semana. Elijamos algunas de estas preguntas (o todas) para hacer la revisión con los miembros del grupo:

- (Día 1) El Dr. Evans cita a Miqueas 6:8. Según señala este versículo, ¿qué tres cosas estamos llamados a hacer?

  -
  -
  -

- (Día 2) «La tarea de un gobierno es f_____ como i_____ de la justicia de Dios».

- (Día 3) ¿Quién es el dueño de las riquezas del mundo? ¿Qué sucede cuando olvidamos este hecho?

- (Día 4) ¿Cuál es el propósito de Dios con respecto a las riquezas?

- (Día 5) ¿De qué se trata la teología del tipo «menciónalo y reclámalo»? ¿Estamos de acuerdo con ella?

- ¿Qué otra información, conceptos o preguntas de nuestro estudio semanal nos gustaría destacar ante el grupo en este momento? (Sintámonos libres para mencionar pasajes de la Escritura tomados del apartado «Examinar la Palabra».)

Se concede permiso para fotocopiar esta página solo para uso ministerial.

Hablémoslo a fondo

Semana 2: Un diseño divino para la vida en el reino

De a dos, o en pequeños grupos, consideremos las preguntas de aplicación práctica que aparecen a continuación. El líder asumirá la dirección para poder centrarnos en las preguntas específicas. Estemos preparados para presentar un resumen de lo que se ha debatido en los pequeños grupos –junto con cualquier otra perspectiva clave– delante de todo el grupo cuando volvamos a reunirnos.

- En el día 1 aprendimos que Dios se preocupa profundamente por la justicia social. ¿Qué puede hacer el cuerpo de Cristo para facilitar la justicia dentro de la comunidad?

- En el **día 2** vimos que Dios desea que haya cristianos en la función gubernamental. ¿Alguno de nosotros ha considerado presentarse como candidato en una elección? ¿Por qué?

- El **día 3** se nos dijo que el dinero es un tema espiritual. ¿Cómo deberían responder entonces los cristianos a los incrédulos ricos que dicen que la religión es para la gente pobre? Respaldemos la respuesta por lo menos con una referencia de las Escrituras.

- En el **día 4** sugiere que el principal uso del dinero es cumplir con los propósitos de Dios sobre la tierra. ¿De qué modo estamos utilizando nuestros recursos financieros para apoyar la obra del Señor?

- El día 5 brinda un detalle de algunas de las reglas de Dios en cuanto a la obtención de bienes. ¿Cuáles son esas reglas, y cuáles algunas de las consecuencias que trae el quebrantarlas?

- ¿Qué otros conceptos, perspectivas o aplicaciones relacionados con nuestra semana de estudio nos gustaría mencionar? (Sintámonos libres para mencionar las Escrituras especialmente significativas que hayamos leído en «Examinar la Palabra».)

Se concede permiso para fotocopiar esta página solo para uso ministerial.

Semana 3: SEGURIDAD ECONÓMICA EN EL REINO

PREPARARNOS PARA ATENDER AL GRUPO

Cuando éramos niños, teníamos algo en común con todos los niños que nacen en el mundo: queríamos hacer las cosas a nuestra manera. Es probable que no recordemos la forma en que nuestros padres constantemente nos reprendían por intentar manejarnos en independencia de su guía. Pero tengamos la seguridad de que así sucedió. La sesión de hoy retoma algunos de los temas de manejo del dinero analizados durante la semana dos, pero se interna aún más profundo en la cuestión. Aquí nos concentraremos en lo que sucede cuando nosotros, en una actitud infantil, pretendemos actuar de forma independiente en cuanto al uso de los recursos económicos que le han sido dados a la sociedad y a los individuos. De hecho, nuestro amor por el dinero puede llegar a suplantar a nuestro amor por Dios y su voluntad. ¡Eso solo puede conducirnos al desastre!

Al comenzar la sesión, informemos a los miembros del grupo que esta lección va a causar un impacto sobre la vida cotidiana. La economía del reino resultará de una importancia vital para que la agenda del reino se instale con éxito en medio de su mundo.

Objetivos para nuestro tiempo de reunión:
1. Analizar las razones por las que debemos obedecer a Dios cuando se trata de cuestiones económicas.
2. Definir cuáles son las reglas de Dios en lo económico.
3. Comprender cuál es el funcionamiento apropiado del gobierno, en términos de estructuras económicas.

REALIZAR UN SEGUIMIENTO PERSONALIZADO DE LOS MIEMBROS DEL GRUPO

¿Cómo estamos?
- ¿Qué cosas han sucedido en nuestra vida durante esta semana?
- A partir de nuestra experiencia, ¿qué cuestiones, preocupaciones, o alegrías quisiéramos transmitir a los demás?
- Supervisar cómo van llevando adelante sus responsabilidades: ¿Cómo vamos con…?

INICIO CREATIVO DE SESIÓN *(optativo)*: Comencemos hablando del programa de entretenimientos de la televisión ¡Trato hecho! Pidamos a algunos que señalen qué es lo que les gusta o les disgusta del programa. Preguntémosles si a alguno le gustaría presentarse en el programa alguna vez. Les pediremos que indiquen por qué.

Cuando la conversación decaiga, señalemos que cuando nosotros como iglesia, comunidad o nación hacemos tratos por nuestra cuenta para lograr las cosas que deseamos sin consultar primero a Dios, los resultados son siempre desastrosos.

REPASAR LAS PERSPECTIVAS DE LA SEMANA

A. Recordemos las ideas: Utilizando la hoja de la semana 3 «¿Listos para recapitular?», trabajemos con los miembros del grupo para recordar el contenido de «Buscar nuevas perspectivas» –la información, los conceptos, las ideas– que los alumnos han estado estudiando día a día durante la última semana. ¿Qué es lo que el Dr. Evans ha querido decir? Descubramos cuánto recuerdan los participantes y estemos preparados para aclarar o hacer breves comentarios.

REFLEXIONAR Y CONECTAR

B. Aportemos nuestras respuestas: Invitemos a los asistentes a hacer un aporte libre guiándose por sus propias respuestas incluidas en el manual bajo los títulos de «Reflexionar» y «Conectar». Nuestro objetivo aquí es generar un debate sobre las ideas principales que están expresadas en las lecturas semanales. Podemos utilizar la «Cita al punto» que aparece a continuación para mantener vivo el debate.

Cita al punto 1

También resulta perverso que un gobierno aprese a sus ciudadanos prendiéndolos por su codicia, ya sea intentando obtener por medio del juego lo que debería lograr a través de la productividad de los ciudadanos o de aquello que sabe que no pagarán legítimamente en tasas e impuestos. —Dr. Tony Evans

- *Dar un ejemplo de la forma en que un gobierno puede abusarse de la gente. En nuestra opinión, ¿nuestro gobierno alguna vez se abusó de los ciudadanos? Si fue así, ¿de qué manera?*

APLICAR LA VERDAD

C. Hablemos de la aplicación personal: Juntémonos de a dos o en pequeños grupos y utilicemos la hoja «Hablémoslo a fondo» de la semana 3, para considerar cómo podemos aplicar de una manera práctica las lecturas de la semana a nuestra vida cotidiana. Una vez que los pequeños equipos de trabajo vayan terminando con su análisis, reunámonos todos nuevamente. Pidamos a cada grupo pequeño (o a cada pareja) que dé un breve informe sobre sus percepciones al respecto, que transmita las preguntas que les queden sin resolver, y que expongan sus conclusiones. Con este fin, pidámosles a los estudiantes que también se guíen por las respuestas que incluyeron en su manual bajo el título «¿En qué me afecta?»

Cita al punto 2

Pablo señaló que los malvados están marcados por la envidia (Romanos 12:29), entre otras cosas, y agregó que la envidia no debe caracterizar al pueblo de Dios (ver Romanos 13:13). —Dr. Tony Evans

- *¿Por qué la envidia resulta tan dañina para que la agenda económica de Dios se instale con éxito?*

CONSIDERAR EL COMPROMISO

D. Analicemos las respuestas a la luz de nuestra vida: Este será un momento para realizar aportes a partir de la sección «Avanzar hacia un compromiso» de nuestros manuales del alumno. Estimulemos a los miembros del grupo a ser específicos al hablar de las medidas que deberían tomar a fin de crecer en las áreas en las que el Dr. Evans nos presenta desafíos. También asegurémonos de que todos sepan que pueden contar con la confidencialidad del grupo.

Cita al punto 3

Cuando los pobres que son perezosos reciben limosnas que requieren poca o ninguna productividad de su parte, nosotros nos hacemos cómplices de su deterioro económico, y también del nuestro. —Dr. Tony Evans

- *Cuando se nos acerca una persona en la calle solicitando dinero, ¿cómo discernimos si su necesidad es genuina? ¿Cómo manejamos esas situaciones generalmente?*

CONCLUSIÓN CREATIVA DE SESIÓN *(optativo)*: Ahora que hemos dejado en claro el punto acerca de las actitudes impropias con respecto a la posesión de bienes, démosle un giro total al asunto. Es importante que los miembros del grupo comprendan que no somos más espirituales porque seamos pobres y no ricos.

Pidámosles a los participantes que anoten todas las escrituras que puedan recordar en las que aparezca la palabra «pobre». No precisan conocer los versículos literalmente, sino poder identificar el sentido que cada uno tiene. Después que hayan dado algunas referencias, enfaticemos el hecho de que la mayoría de los versículos que han citado se refieren al espíritu de la persona y no a su estado financiero. El Dr. Evans desea que comprendamos que resulta importante disfrutar (y utilizar con sabiduría) la porción de bienes que Dios nos ha dado, ni más, ni menos.

REVISAR EL REGISTRO SEMANAL DE ORACIÓN

E. Oremos juntos

Presentamos aquí un plan para coordinar el tiempo de oración del grupo. Debemos mantener actualizado el registro de las cargas y pedidos de oración, revisándolo y renovándolo cada semana.

1. *¿Por qué cosas hemos estado orando? ¿Qué motivos de oración hemos anotado en la sección «Tiempo de oración» del manual durante la semana? (Repasemos con los miembros del grupo la sección diaria de «Tiempo de oración» de cada uno.)*

- *Cargas:*

- *Alabanza y gratitud:*

- *Peticiones:*

2. *¿Hemos asumido algún compromiso que el grupo pueda respaldar a través de la oración y el aliento diarios? (Repasemos junto con los miembros del grupo la sección diaria «Avanzar hacia un compromiso».)*

3. *¿Qué nuevos asuntos deberíamos agregar al registro de oración semanal de nuestro grupo?*

AGREGAR ELEMENTOS DE IMPACTO

(Optativo) Si queda tiempo y percibimos interés, antes de que los miembros del grupo regresen a sus casas, pueden alentarse los unos a los otros aportando uno o más pasajes de las Escrituras que hayan estudiado durante la semana en la sección «Examinar la Palabra». Pueden contarnos sobre pasajes específicos que hayan hecho «sonar una campanita» dentro de ellos. También pueden realizar algún comentario breve sobre alguna de las preguntas referidas a las Escrituras que aparecen debajo.

- *Leer Efesios 5:3 y Colosenses 3:5. ¿Cómo podría responder la iglesia de una manera amplia a las cuestiones de la envidia y la codicia?*

- *Proverbios 15:27 dice que «el ambicioso acarrea mal sobre su familia» pero que «el que aborrece el soborno vivirá». ¿Cómo puede protegerse una congregación de los líderes ambiciosos que utilizan los fondos de la iglesia para su beneficio personal?*

- *¿Cómo ve Dios la extorsión a la luz de Nehemías 5:1-11?*

Sesión de grupo 3

Utilicemos los espacios que aparecen debajo para tomar notas a medida que los miembros del grupo nos transmiten sus cargas de oración. Luego establezcamos juntos el método que usaremos para orar. Como grupo revisemos periódicamente este registro para detectar qué oraciones ya han sido respondidas, y obtener información actualizada.

Nombre	*Fecha*	*Carga / Gratitud / Petición*
_____	_____	_____
_____	_____	_____
_____	_____	_____
_____	_____	_____
_____	_____	_____
_____	_____	_____
_____	_____	_____
_____	_____	_____
_____	_____	_____
_____	_____	_____
_____	_____	_____

¿Listos para recapitular?

Semana 3: Seguridad económica en el reino

Dediquemos algún tiempo a repasar lo que hemos aprendido durante la semana. Elijamos algunas de estas preguntas (o todas) para hacer la revisión con los miembros del grupo:

- (Día 1) De acuerdo con lo que señala el Dr. Evans, ¿por qué el así llamado problema de la superpoblación es en realidad una mentira?

- (Día 2) ¿Qué es lo que detiene el progreso de un desarrollo económico basado en el reino dentro de nuestras comunidades?

- (Día 3) Mencionar por lo menos un impedimento con el que se encuentre la agenda económica de Dios debido a prácticas gubernamentales impropias.

- (Día 4) Según las instrucciones de Dios, los israelitas pidieron a los egipcios plata y oro, como lo relata Éxodo 11:1-2. Luego de eso, Dios les dijo a los hijos de Israel que utilizaran parte de esas riquezas para: _____

- (Día 5) De acuerdo con 1 Tesalonicenses 3:10, tenemos la obligación de «s____r lo que le f____a a su fe».

- ¿Qué otra información, conceptos o preguntas de nuestro estudio semanal nos gustaría destacar ante el grupo en este momento? (Sintámonos libres para mencionar pasajes de la Escritura tomados del apartado «Examinar la Palabra».)

Se concede permiso para fotocopiar esta página solo para uso ministerial.

# Hablémoslo a fondo

Semana 3: Seguridad económica en el reino

De a dos, o en pequeños grupos, consideremos las preguntas de aplicación práctica que aparecen a continuación. El líder asumirá la dirección para poder centrarnos en las preguntas específicas. Estemos listos para presentar un resumen de lo que se ha debatido en los pequeños grupos –junto con cualquier otra perspectiva clave– delante de todo el grupo cuando volvamos a reunirnos.

- ¿Por qué reemplazamos las reglas de Dios referidas al logro de éxitos económicos por las nuestras propias (como se mencionó el día 1)?

- Recordemos la enseñanza del día 2. Explicar por qué la envidia «va un paso más allá que los celos».

- En el día 3 se señala por qué el sobrecargar a la gente con impuestos va a en detrimento de un gobierno. Dar un ejemplo de algún impuesto que, en los días actuales, exceda el 10 por ciento de nuestros ingresos.

- De acuerdo con el día 4, ¿el invertir es un concepto cristiano? ¿Qué podemos aconsejar con respecto a las inversiones?

- ¿Qué tres palabras mencionadas durante el día 5 pueden cambiar nuestra vida?

1. D_____
2. A_____
3. G_____

- ¿Qué otros conceptos, perspectivas o aplicaciones relacionados con nuestra semana de estudio nos gustaría mencionar? (Sintámonos libres para mencionar las Escrituras especialmente significativas que hayamos leído en «Examinar la Palabra».)

Se concede permiso para fotocopiar esta página solo para uso ministerial.

Semana 4: UNA SOCIEDAD DALTÓNICA

PREPARARNOS PARA ATENDER AL GRUPO

Durante su famoso discurso a los graduados, «Permanecer despiertos a través de una gran revolución», pronunciado hace treinta y cinco años en el Oberlin College, el reverendo Martin Luther King Jr. hizo una de sus más profundas consideraciones. «No hay momento de mayor segregación en los Estados Unidos que cuando nos ponemos en pie en la iglesia los domingos a la mañana para cantar «En Cristo no hay Este ni Oeste».

El racismo en los Estados Unidos (incluso en la iglesia) crece y aparece a la cabeza de todas las cuestiones relacionadas con la iglesia. En esta sesión, el Dr. Evans confronta este tópico candente desde una perspectiva espiritual. Informemos a los miembros del grupo que, al bucear en estas aguas controversiales, las cuestiones que consideraremos pueden resultar incómodas. Pero debemos enfrentarlas si es que deseamos desarrollar la perspectiva del reino dentro de una sociedad daltónica.

Objetivos para nuestro tiempo de reunión:
1. Promover la reconciliación desde una perspectiva del reino.
2. Desarrollar una actitud centrada en Dios hacia todas las personas.
3. Considerar de qué manera la verdad de Dios confronta las diversas formas de racismo dentro de la sociedad y en el cuerpo de Cristo.

REALIZAR UN SEGUIMIENTO PERSONALIZADO DE LOS MIEMBROS DEL GRUPO

¿Cómo estamos?
- ¿Qué cosas han sucedido en nuestra vida durante esta semana?
- A partir de nuestra experiencia, ¿qué cuestiones, preocupaciones, o alegrías quisiéramos transmitir a los demás?
- Supervisar cómo van llevando adelante sus responsabilidades: ¿Cómo vamos con…?

INICIO CREATIVO DE SESIÓN *(optativo)*: Consigamos algunos espejos de cartera antes de la sesión y distribuyámoslos entre los miembros del grupo a medida que van llegando. Pidámosles que anoten en un papel lo que ven en el espejo mientras se observan. En general, la gente colocará en la lista los rasgos exteriores, tales como el largo del cabello, el color de los ojos, y quizás el tono de la piel, entre otras características físicas.

Cuando expongan lo que han escrito, enfaticemos el hecho de que la mayoría se ha referido a su apariencia externa, pero que muy pocos (si es que alguno lo ha hecho) han mencionado cualidades no tan obvias como su fortaleza, integridad, amabilidad, y cosas semejantes. Eso es exactamente lo que sucede cuando nosotros «prejuzgamos» a los demás sobre la base de temas tales como la raza, el nivel económico o el trasfondo cultural. Nos apresuramos a juzgar cuando sacamos conclusiones sobre otros simplemente a través de sus características externas en lugar de fijarnos en sus cualidades interiores.

REPASAR LAS PERSPECTIVAS DE LA SEMANA

A. *Recordemos las ideas:* Utilizando la hoja de la semana 4 «¿Listos para recapitular?», trabajemos con los miembros del grupo para recordar el contenido de «Buscar nuevas perspectivas» –la información, los conceptos, las ideas– que los alumnos han estado estudiando día a día durante la última semana. ¿Qué es lo que el Dr. Evans ha querido decir? Descubramos cuánto recuerdan los participantes y estemos preparados para aclarar o hacer breves comentarios.

REFLEXIONAR Y CONECTAR

B. Aportemos nuestras propias respuestas: Invitemos a los asistentes a hacer un aporte libre guiándose por sus propias respuestas incluidas en el manual bajo los títulos de «Reflexionar» y «Conectar». Nuestro objetivo aquí es generar un debate sobre las ideas principales que están expresadas en las lecturas semanales. Podemos utilizar la «Cita al punto» que aparece a continuación para mantener vivo el debate.

Cita al punto 1

Cierta vez, en un programa noticioso de una cadena televisiva le hicieron la siguiente pregunta al Dr. Billy Graham: «Si usted pudiese erradicar algún problema de los Estados Unidos, ¿cuál sería?» El Dr. Graham respondió directa y rápidamente: «Las divisiones y conflictos raciales de nuestra nación»
—Dr. Tony Evans

- *¿Creemos que el racismo aún prevalece en nuestra sociedad? ¿Cómo lo sabemos? ¿De qué modo nos ha afectado en lo personal?*

APLICAR LA VERDAD

C. *Hablemos de la aplicación personal:* Juntémonos de a dos o en pequeños grupos y utilicemos la hoja «Hablémoslo a fondo» de la semana 4, para considerar cómo podemos aplicar de una manera práctica las lecturas de la semana a nuestra vida cotidiana. Una vez que los pequeños equipos de trabajo vayan terminando con su análisis, reunámonos todos nuevamente. Pidamos a cada grupo pequeño (o a cada pareja) que dé un breve informe sobre sus percepciones al respecto, que transmita las preguntas que les queden sin resolver, y que expongan sus conclusiones. Con este fin, pidámosles a los estudiantes que también se guíen por las respuestas que incluyeron en su manual bajo el título «¿En qué me afecta?»

Cita al punto 2

Dios es el creador de la única raza que tendrá importancia eterna: la raza humana. También es el creador de las razas que tenemos aquí sobre la tierra. En ese carácter, él ha hablado sobre el tema de las razas de modo claro y sin tartamudeos.—Dr. Tony Evans

- *Si Dios creó una sola raza, ¿de dónde hemos sacado la idea de que existen otras razas? ¿Esa teoría se puede sustentar con las Escrituras?*

CONSIDERAR EL COMPROMISO

D. Analicemos las respuestas a la luz de nuestra vida: Este será un momento para realizar aportes a partir de la sección «Avanzar hacia un compromiso» de nuestros manuales del alumno. Estimulemos a los miembros del grupo a ser específicos al hablar de las medidas que deberían tomar a fin de crecer en las áreas en las que el Dr. Evans nos presenta desafíos. También asegurémonos de que todos sepan que pueden contar con la confidencialidad del grupo.

> **Cita al punto 3**
>
> **Resulta imposible encarar el tema de la agenda del reino de Dios en nuestras comunidades sin tratar esta delicada, difícil y a veces traumática cuestión del racismo. No basta con simplemente esbozar el problema. Queremos avanzar en el tema puntualizando algunas soluciones bíblicas que, cuando son aplicadas, ayudan a producir una reconciliación racial.**
> —Dr. Tony Evans

- *¿Cuál es la respuesta bíblica al racismo? ¿Qué aplicaciones prácticas podemos darle dentro de nuestra comunidad?*

CONCLUSIÓN CREATIVA DE SESIÓN *(optativo):* 1 Samuel 16:7 dice: «El hombre mira lo que está delante de sus ojos, pero Jehová mira el corazón» (RVR). Con esto como premisa, pidamos al grupo que haga una lista, en un pizarra o en una cartelera, de las cualidades que creen que reflejan el corazón de Dios, como amor, sinceridad, templanza, sabiduría, y otras. Para sazonar un poco el tema, pidámosles que sugieran cosas que tienden a causarnos «problemas en el corazón», como el odio, la discriminación y los prejuicios. El propósito de esta conclusión es enfatizar un punto: Dios nos ha elegido para su servicio en el reino basándose en nuestra preparación interior, de la misma forma en que eligió a David para ser rey luego de mirar su corazón.

REVISAR EL REGISTRO SEMANAL DE ORACIÓN

E. Oremos juntos

Presentamos aquí un plan para coordinar el tiempo de oración del grupo. Debemos mantener actualizado el registro de las cargas y pedidos de oración, revisándolo y renovándolo cada semana.

1. *¿Por qué cosas hemos estado orando? ¿Qué motivos de oración hemos anotado en la sección «Tiempo de oración» del manual durante la semana? (Repasemos con los miembros del grupo la sección diaria de «Tiempo de oración» de cada uno.)*

- *Cargas:*

- *Alabanza y gratitud:*

- *Peticiones:*

2. *¿Hemos asumido algún compromiso que el grupo pueda respaldar a través de la oración y el aliento diarios? (Repasemos junto con los miembros del grupo la sección diaria «Avanzar hacia un compromiso».*

3. *¿Qué nuevos asuntos deberíamos agregar al Registro de oración semanal de nuestro grupo?*

AGREGAR ELEMENTOS DE IMPACTO

(Optativo) Si queda tiempo y percibimos interés, antes de que los miembros del grupo regresen a sus casas, pueden alentarse los unos a los otros aportando uno o más pasajes de las Escrituras que hayan estudiado durante la semana en la sección «Examinar la Palabra». Pueden contarnos sobre pasajes específicos que hayan hecho «sonar una campanita» dentro de ellos. También pueden realizar algún comentario breve sobre alguna de las preguntas referidas a las Escrituras que aparecen debajo.

- *Hechos 17:26 señala que Dios hizo todas las naciones «de un solo hombre». Considerando todas las tensiones raciales que se dan en el mundo hoy, ¿cuál sería el rol de la iglesia en cuanto a combatir este problema?*

- *Muchos pastores enseñan, a partir de Génesis 9:25, en donde Noé lanza una maldición de servidumbre sobre Cam, que la esclavitud y el racismo fueron reglamentados por Dios. ¿Qué otra escritura utilizan para sustentar la teología de la «maldición de Cam»?*

- *¿Por qué existen tantas denominaciones diferentes en los Estados Unidos cuando 1 Corintios 3:7 señala que: «no cuenta ni el que siembra ni el que riega, sino solo Dios, quien es el que hace crecer».*

Utilicemos los espacios que aparecen debajo para tomar notas a medida que los miembros del grupo nos transmiten sus cargas de oración. Luego establezcamos juntos el método que usaremos para orar. Como grupo revisemos periódicamente este registro para detectar qué oraciones ya han sido respondidas, y obtener información actualizada.

Nombre　　　　*Fecha*　　　　*Carga / Gratitud / Petición*

¿Listos para recapitular?

Semana 4: Una sociedad daltónica

Dediquemos algún tiempo a repasar lo que hemos aprendido durante la semana. Elijamos algunas de estas preguntas (o todas) para hacer la revisión con los miembros del grupo:

- (Día 1) Noé tenía tres hijos. ¿Cuáles eran sus nombres y cuál es el significado de cada uno?

- (Día 2) El racismo no solo tiene que ver con llevar a cabo una d_____ contra ciertas personas basada en el color de su piel o en sus orígenes étnicos, sino que incluye la utilización i_____ del poder contra aquella gente hacia la que d_____ nuestros prejuicios, y esto constituye el f_____ emocional de la d_____. ¿Qué significa esto?

- (Día 3) Recordemos la experiencia de Pedro en Hechos 10:9-15. Describamos brevemente ese hecho y tratemos de mencionar algún acontecimiento de un tipo semejante que pudiera suceder en nuestros días.

- (Día 4) El Dr. Evans escribió: «Dios no ha llamado a la iglesia a hacer que la cultura se sienta bien. Dios ha llamado a la iglesia a declarar la verdad de su Palabra». ¿Cuál es la verdad de la palabra de Dios con respecto al racismo?

- (Día 5) ¿Qué pueden hacer el congreso y el presidente para producir una sanidad duradera en el país?

- ¿Qué otra información, conceptos o preguntas de nuestro estudio semanal nos gustaría destacar ante el grupo en este momento? (Sintámonos libres para mencionar pasajes de la Escritura tomados del apartado «Examinar la Palabra».)

Se concede permiso para fotocopiar esta página solo para uso ministerial.

Hablémoslo a fondo

Semana 4: Una sociedad daltónica

De a dos, o en pequeños grupos, consideremos las preguntas de aplicación que aparecen a continuación. El líder asumirá la dirección para poder centrarnos en las preguntas específicas. Estemos listos para presentar un resumen de lo que se ha debatido en los pequeños grupos –junto con cualquier otra perspectiva clave– delante de todo el grupo cuando volvamos a reunirnos.

- De acuerdo con la información del día 1, ¿qué teoría enseña que «solo la gente de piel clara ha sido creación directa de Dios, en tanto que todas las otras razas constituyen un derivado del medio ambiente»? ¿Qué argumentos tenemos en contra de esta teoría?

- El Dr. Evans dice en el día 2: «La expresión histórica de racismo que más ha prevalecido a través de los siglos es la institución de la esclavitud». Explicar con nuestras propias palabras por qué creemos que la esclavitud está mal.

- Pensemos en las enseñanzas del día 3. Al igual que Pedro, muchos de nosotros abrigamos una actitud de parcialidad preferente hacia una raza o pueblo en particular. ¿Qué nos motiva a discriminar, prefiriendo a unos en detrimento de otros?

- A la luz de las lecturas del día 4, ¿qué responsabilidad le cabe nuestro pastor en cuanto a confrontar el tema del racismo con la verdad de Dios?

- Recordemos las enseñanzas del día 5, en las que el Dr. Evans menciona: «El racismo es poderoso pero no omnipotente». ¿Por qué es bueno saber esto? ¿De qué modo nos ayuda en lo personal?

- ¿Qué otros conceptos, perspectivas o aplicaciones relacionados con nuestra semana de estudio nos gustaría mencionar? (Sintámonos libres para mencionar las Escrituras especialmente significativas que hayamos leído en «Examinar la Palabra».)

SEMANA 5: DIOS, POLÍTICO DEL UNIVERSO

PREPARARNOS PARA ATENDER AL GRUPO

Nunca antes en la historia de la política norteamericana la presidencia de los Estados Unidos dependió de apenas unos pocos cientos de votos. Pero así sucedió en la elección presidencial del año 2000, que sin duda quedará en la historia como una de las más famosas y de las que más se ha hablado. Por esa razón resulta apropiado que el Dr. Evans encare el tema de la política en esta sesión. A medida que indaguemos en este tópico, animemos a los miembros del grupo a que dejen de lado momentáneamente sus preferencias políticas para adoptar una perspectiva no partidista al considerar la agenda del reino de Dios en cuanto a política.

Objetivos para nuestro tiempo de reunión:
1. Considerar el punto de vista de Dios sobre la política.
2. Analizar las implicaciones que tiene el uso sabio y la utilización inadecuada de los dones de Dios.
3. Considerar el rol de la iglesia en lo que hace a influir sobre el gobierno.

REALIZAR UN SEGUIMIENTO PERSONALIZADO DE LOS MIEMBROS DEL GRUPO

¿Cómo estamos?
- ¿Qué cosas han sucedido en nuestra vida durante esta semana?
- A partir de nuestra experiencia, ¿qué cuestiones, preocupaciones, o alegrías quisiéramos transmitir a los demás?
- Supervisar cómo van llevando adelante sus responsabilidades: ¿Cómo vamos con…?

INICIO CREATIVO DE SESIÓN *(optativo)*: Pidamos a los miembros del grupo que se redistribuyan en equipos más pequeños. Un representante de cada uno de esos equipos se adelantará para responder algunas preguntas a fin de descubrir al personaje. Esa persona puede consultar con su grupo para encontrar la respuesta correcta. Incluimos unas pocas preguntas de ejemplo. (Y no olvidemos que los participantes deben contar con respaldo bíblico para dar sus respuestas.)
- Se trata de un pecador muy conocido que se transformó en un iniciador de iglesias y que un día tuvo que hacer el mayor de los sacrificios. ¿Quién fue?
- Todo el peso del gobierno recaerá en el futuro sobre este hombre joven. ¿De quién se trata?
- Esta mujer atravesó barreras religiosas y de género para convertirse en la primera mujer de ese tipo. ¿Quién fue, y qué título recibió?

(Respuestas: El apóstol Pablo, Jesús, y Débora, la jueza.)

REPASAR LAS PERSPECTIVAS DE LA SEMANA

A. Recordemos las ideas: Utilizando la hoja de la semana 5 «¿Listos para recapitular?», trabajemos con los miembros del grupo para recordar el contenido de «Buscar nuevas perspectivas» –la información, los conceptos, las ideas– que los alumnos han estado estudiando día a día durante la última semana. ¿Qué es lo que el Dr. Evans ha querido decir? Descubramos cuánto recuerdan los participantes y estemos preparados para aclarar o hacer breves comentarios.

REFLEXIONAR Y CONECTAR

B. Aportemos nuestras propias respuestas: Invitemos a los asistentes a hacer un aporte libre guiándose por sus propias respuestas incluidas en el manual bajo los títulos de «Reflexionar» y «Conectar». Nuestro objetivo aquí es generar un debate sobre las ideas principales que están expresadas en las lecturas semanales. Podemos utilizar la «Cita al punto» que aparece a continuación para mantener vivo el debate.

Cita al punto 1

El reino de Dios se ha establecido por encima de las orientaciones conservadoras o liberales de los hombres, y de hecho, las juzga porque Dios está preocupado por llevar adelante su agenda y no la mía, ni la tuya, ni la de nadie más. Él no vino para tomar partido; ¡vino a hacerse cargo de todo!
—Dr. Tony Evans

- *¿Los cristianos «toman partido» cuando votan por los demócratas o los republicanos? Explicar la respuesta.*

APLICAR LA VERDAD

C. Hablemos de la aplicación personal: Juntémonos de a dos o en pequeños grupos y utilicemos la hoja «Hablémoslo a fondo» de la semana 5, para considerar como podemos aplicar de una manera práctica las lecturas de la semana a nuestra vida cotidiana. Una vez que los pequeños equipos de trabajo vayan terminando con su análisis, reunámonos todos nuevamente. Pidamos a cada grupo pequeño (o a cada pareja) que dé un breve informe sobre sus percepciones al respecto, que transmita las preguntas que les queden sin resolver, y que expongan sus conclusiones. Con este fin, pidámosles a los estudiantes que también se guíen por las respuestas que incluyeron en su manual bajo el título «¿En qué me afecta?»

Cita al punto 2

Si Dios gobierna en nuestra vida, entonces nuestra vida debe regirse por su verdad. Si Dios gobierna sobre nuestra familia, entonces nuestra familia debería vivir según su verdad. Si Dios gobierna en la iglesia, entonces la iglesia debería reflejar la verdad de Dios. Y si Dios gobierna sobre una sociedad, esa sociedad debería reflejar su verdad.
—Dr. Tony Evans

- *A través de esta observación el Dr. Evans nos desafía a permitir que la verdad de la palabra de Dios reine libremente en nuestras vidas. ¿Hemos rendido cada aspecto de nuestra vida a su verdad?*

CONSIDERAR EL COMPROMISO

D. Analicemos las respuestas a la luz de nuestra vida: Éste será un momento para realizar aportes a partir de la sección «Avanzar hacia un compromiso» de nuestros manuales del alumno. Estimulemos a los miembros del grupo a ser específicos al hablar de las medidas que deberían tomar a fin de crecer en las áreas en las que el Dr. Evans nos presenta desafíos. También asegurémonos de que todos sepan que pueden contar con la confidencialidad del grupo.

> **Cita al punto 3**
>
> **Los creyentes podemos ser demócratas, republicanos o independientes. Pero por encima de todo eso, hemos sido llamados a ser ciudadanos del reino, o sea aquellos que sujetan las agendas de los hombres a la agenda de Dios. La meta es que, sin importar por quién votemos, tú y yo, al dejar el cuarto oscuro, salgamos con el compromiso de trabajar por el reino.** —Dr. Tony Evans

- *Si la manera más efectiva de producir cambios en el gobierno es a través de la oración y el voto, ¿qué métodos podemos usar para aumentar la participación de votantes entre los creyentes? Sugerir ideas prácticas.*

CONCLUSIÓN CREATIVA DE SESIÓN *(optativo)*: Podemos cerrar la sesión pidiendo a los miembros del grupo que señalen cualidades que debería tener un presidente ideal. Animémoslos a utilizar la Biblia como guía de referencia a medida que vayan haciendo su contribución a la lista. Por ejemplo, una persona puede querer un líder que tenga la sabiduría de Salomón o alguien que siga los dictados del corazón de Dios, como David. Alguna otra persona puede buscar cualidades del tipo de las que poseía María, tales como humildad y devoción inconmovible.

Los participantes deberían intentar ser lo más creativos que fuera posible. A medida que se vaya conformando la lista, veremos que el modelo que se desarrolla es el de Jesús. La Biblia dice en 1 Corintios 2:5 que el apóstol no predicó con palabras elocuentes «para que la fe... no dependiera de la sabiduría humana sino del poder de Dios». Al concluir, recordemos a los miembros del grupo que deben tener presente que nadie posee la fuerza como para ser un líder perfecto, a excepción del Hijo. Jesucristo es el candidato perfecto.

REVISAR EL REGISTRO SEMANAL DE ORACIÓN

E. Oremos juntos

Presentamos aquí un plan para coordinar el tiempo de oración del grupo. Debemos mantener actualizado el registro de las cargas y pedidos de oración, revisándolo y renovándolo cada semana.

1. *¿Por qué cosas hemos estado orando? ¿Qué motivos de oración hemos anotado en la sección «Tiempo de oración» del manual durante la semana? (Repasemos con los miembros del grupo la sección diaria de «Tiempo de oración» de cada uno.)*

- *Cargas:*

Sesión de grupo 5

- *Alabanza y gratitud:*

- *Peticiones:*

2. *¿Hemos asumido algún compromiso que el grupo pueda respaldar a través de la oración y el aliento diarios? (Repasemos junto con los miembros del grupo la sección diaria «Avanzar hacia un compromiso».)*

3. *¿Qué nuevos asuntos deberíamos agregar al Registro de oración semanal de nuestro grupo?*

AGREGAR ELEMENTOS DE IMPACTO

(Optativo) Si queda tiempo y percibimos interés, antes de que los miembros del grupo regresen a sus casas, pueden alentarse unos a otros aportando uno o más pasajes de las Escrituras que hayan estudiado durante la semana en la sección «Examinar la Palabra». Pueden contarnos sobre pasajes específicos que hayan hecho «sonar una campanita» dentro de ellos. También pueden realizar algún comentario breve sobre alguna de las preguntas referidas a las escrituras que aparecen debajo.

- *Hebreos 13:17 dice que debemos someternos a aquellos que nos gobiernan y obedecerles. ¿Cómo deberían responder los cristianos a este principio cuando tienen líderes injustos en el ejercicio de autoridad?*

- *En Efesios 6:19, Pablo pide oración «para que, cuando hable, Dios me dé las palabras». ¿Les concede esto a los cristianos el derecho de protestar o peticionar ante el gobierno? Dar un ejemplo*

- *De acuerdo con Hebreos 13:18, ¿qué obligaciones le corresponden a la iglesia dentro del escenario político?*

Utilicemos los espacios que aparecen debajo para tomar notas a medida que los miembros del grupo nos transmiten sus cargas de oración. Luego establezcamos juntos el método que usaremos para orar. Como grupo revisemos periódicamente este registro para detectar qué oraciones ya han sido respondidas, y obtener información actualizada.

Nombre	*Fecha*	*Carga / Gratitud / Petición*
_____	_____	_____
_____	_____	_____
_____	_____	_____
_____	_____	_____
_____	_____	_____
_____	_____	_____
_____	_____	_____
_____	_____	_____
_____	_____	_____
_____	_____	_____
_____	_____	_____

¿Listos para recapitular?

Semana 5: Dios, político del universo

Dediquemos algún tiempo a repasar lo que hemos aprendido durante la semana. Elijamos algunas de estas preguntas (o todas) para hacer la revisión con los miembros del grupo:

- (Día 1) El Dr. Evans dedicó algún tiempo a hacer consideraciones acerca del anticristo en esta sesión. ¿Quién es el anticristo y cómo establecerá su gobierno?

- (Día 2) ¿Qué les dijo Jesús a los fariseos y herodianos que trataron de confundirlo?

- (Día 3) ¿Qué significa la palabra interposición? ¿De qué manera se interpuso Jesús para salvar a la humanidad?

- (Día 4) Mencionar tres acciones que los creyentes puede llevar a cabo para influir sobre las acciones del gobierno.

- (Día 5) ¿Qué es una oración imprecatoria? ¿De qué modo puede este tipo de oración determinar el resultado de una elección?

- ¿Qué otra información, conceptos o preguntas de nuestro estudio semanal nos gustaría destacar ante el grupo en este momento? (Sintámonos libres para mencionar pasajes de la Escritura tomados del apartado «Examinar la Palabra».)

Se concede permiso para fotocopiar esta página solo para uso ministerial.

Hablémoslo a fondo

Semana 5: Dios, político del universo

De a dos, o en pequeños grupos, considerar las preguntas de aplicación práctica que aparecen a continuación. El líder asumirá la dirección para poder centrarnos en las preguntas específicas. Estemos preparados para presentar un resumen de lo que se ha debatido en los pequeños grupos –junto con cualquier otra perspectiva clave– delante de todo el grupo cuando volvamos a reunirnos.

- El día 1 aprendimos que la perspectiva política difiere de la perspectiva de Dios. ¿En qué modo difiere?

- Recordemos la enseñanza del día 2, y luego comparemos y contrastemos los patrones bíblicos con los patrones políticos.

- De acuerdo con Génesis 18:16-33, ¿qué hizo Abraham cuando tomó conocimiento de los planes de Dios para Sodoma y Gomorra (según se mencionó el día 3)?

- De acuerdo con el día 4, ¿por qué la oración es tan importante con respecto a la política?

- Pensemos acerca de lo que aprendimos el día 5. Mencionar una forma práctica en que nuestra iglesia puede ayudar a «inyectar justicia» dentro del gobierno local.

- ¿Qué otros conceptos, perspectivas o aplicaciones relacionados con nuestra semana de estudio nos gustaría mencionar? (Sintámonos libres para mencionar las Escrituras especialmente significativas que hayamos leído en «Examinar la Palabra».)

Se concede permiso para fotocopiar esta página solo para uso ministerial.

Semana 6: EL INSTITUTO DE ALTOS ESTUDIOS DE DIOS

PREPARARNOS PARA ATENDER AL GRUPO

Una organización bien conocida y muy respetada acuñó hace unos años una frase que todavía tiene vigencia hoy: «Es terrible desperdiciar una mente». Esa organización hacía referencia a la educación, y eso es lo que el Dr. Evans ha seleccionado como último tópico de análisis de esta serie de *La agenda del reino*. Durante el tiempo que pasemos juntos, el grupo considerará la tendencia humanista de la educación pública hoy y analizará algunas de las soluciones al problema partiendo de la centralidad de Dios. Al moderar el debate, alentemos a los miembros del grupo a que apliquen esta información a sus propias comunidades, y observen cómo Dios las va transformando.

Objetivos para nuestro tiempo de reunión:
1. Analizar la crisis de la educación y sugerir soluciones.
2. Contrastar la cosmovisión humanista con la teísta en lo que hace a su relación con la educación.
3. Considerar el punto de vista de Dios con respecto a la educación de nuestros hijos.

REALIZAR UN SEGUIMIENTO PERSONALIZADO DE LOS MIEMBROS DEL GRUPO

¿Cómo estamos?
- ¿Qué cosas han sucedido en nuestra vida durante esta semana?
- A partir de nuestra experiencia, ¿qué cuestiones, preocupaciones, o alegrías quisiéramos transmitir a los demás?
- Supervisar cómo van llevando adelante sus responsabilidades: ¿Cómo vamos con...?

INICIO CREATIVO DE SESIÓN *(optativo)*: Informemos a los miembros del grupo que están a punto de participar en una «sesión de crítica». Luego instruyámoslos para que confeccionen una lista de todos los problemas que han visto o notado en los sistemas escolares. La lista deberá incluir cosas como la educación sexual, la homosexualidad y la evolución. Y asegurémonos de que los miembros del grupo sean específicos al enumerar todos los problemas que ellos notan que se están infiltrando en las aulas de nuestro país.

Entonces indiquemos al grupo que coloque algún pasaje de la Escritura al lado de cada problema. Aunque tengamos una larga lista de problemas, también tendremos una larga lista de soluciones basadas en la palabra de Dios. Planteemos a cada miembro del grupo el desafío de orar sobre esos problemas, recurriendo a las

SESIÓN DE GRUPO 6

Escrituras elegidas. Esta tarea no solo conmoverá el corazón de Dios, sino que nos alentará a cada uno de nosotros para que le confiemos nuestros preciosos niños.

REPASAR LAS PERSPECTIVAS DE LA SEMANA

A. Recordemos las ideas: Utilizando la hoja de la semana 6 «¿Listos para recapitular?», trabajemos con los miembros del grupo para recordar el contenido de «Buscar nuevas perspectivas» –la información, los conceptos, las ideas– que los alumnos han estado estudiando día a día durante la última semana. ¿Qué es lo que el Dr. Evans ha querido decir? Descubramos cuánto recuerdan los participantes y estemos preparados para aclarar o hacer breves comentarios.

REFLEXIONAR Y CONECTAR

B. Aportemos nuestras propias respuestas: Invitemos a los asistentes a hacer un aporte libre guiándose por sus propias respuestas incluidas en el manual bajo los títulos de «Reflexionar» y «Conectar». Nuestro objetivo aquí es generar un debate sobre las ideas principales que están expresadas en las lecturas semanales. Podemos utilizar la «Cita al punto» que aparece a continuación para mantener vivo el debate.

> **Cita al punto 1**
>
> **El sistema norteamericano original de educación se sustentaba en un gran compromiso con una educación Cristocéntrico. Desde 1636, año en el que se fundó la Universidad de Harvard, hasta 1769, cuando se estableció la Universidad de Dartmouth, la educación superior en este país se encaró a partir de la comprensión de que no existe conocimiento aparte de Dios.**
>
> —Dr. Tony Evans

- *El sistema escolar norteamericano estaba fundamentado en principios piadosos. Pero con el transcurrir de los años, nuestras escuelas fueron perdiendo sus valores centrales. ¿Por qué creemos que sucedió esto?*

APLICAR LA VERDAD

C. Hablemos de la aplicación personal: Juntémonos de a dos o en pequeños grupos y utilicemos la hoja «Hablémoslo a fondo» de la semana 6, para considerar como podemos aplicar de una manera práctica las lecturas de la semana a nuestra vida cotidiana. Una vez que los pequeños equipos de trabajo vayan terminando con su análisis, reunámonos todos nuevamente. Pidamos a cada grupo pequeño (o a cada pareja) que dé un breve informe sobre sus percepciones al respecto, que transmita las preguntas que les queden sin resolver, y que expongan sus conclusiones. Con este fin, pidámosles a los estudiantes que también se guíen por las respuestas que incluyeron en su manual bajo el título «¿En qué me afecta?»

> **Cita al punto 2**
>
> **Pablo conocía muy bien el sufrimiento. Su «espina en el cuerpo» (2 Corintios 12.7) puede haber sido una dolencia física o tal vez alguna persona que le ocasionaba sufrimientos. Lo que fuera, le dolía. Pablo oró en dos ocasiones: «Señor, por favor, líbrame de este aguijón». No escuchó respuesta alguna. Así que repitió el pedido por tercera vez.**

> **Finalmente Dios le respondió: «Pablo, no te voy a quitar el aguijón».**
> **Y luego el Señor realizó una de las grandes declaraciones que aparecen en el Nuevo Testamento: «Te basta con mi gracia» (v. 9).** Dios le estaba diciendo a Pablo: «No voy a cambiar tus circunstancias. Voy a cambiarte a ti dentro de sus circunstancias».
> **Eso resultó más que suficiente para Pablo. Él se «regocijaba» en todo lo que Dios le diera (v. 10).**
>
> —Dr. Tony Evans

- *El Dr. Evans menciona que la educación ha pegado algunos «giros hacia la izquierda». ¿A qué se refiere?*

CONSIDERAR EL COMPROMISO

D. Analicemos las respuestas a la luz de nuestra vida: Este será un momento para realizar aportes a partir de la sección «Avanzar hacia un compromiso» de nuestros manuales del alumno. Estimulemos a los miembros del grupo a ser específicos al hablar de las medidas que deberían tomar a fin de crecer en las áreas en las que el Dr. Evans nos presenta desafíos. También asegurémonos de que todos sepan que pueden contar con la confidencialidad del grupo.

Cita al punto 3

La educación tambalea en cuanto a sus implicancias generacionales. Nuestros niños pasan muchas horas por día en la escuela, y allí se forma el pensamiento que sustentarán por el resto de sus vidas. Lo que aprendan, o dejen de aprender, es lo que transmitirán a la próxima generación. —Dr. Tony Evans

- *¿Quiénes tienen mayor responsabilidad en cuanto a la educación de nuestros niños, los padres o los que administran las escuelas? ¿Cómo pueden estos dos sectores trabajar juntos para proporcionar una mejor escolaridad?*

CONCLUSIÓN CREATIVA DE SESIÓN *(optativo)*: Dado que la sesión trata de la educación de nuestros niños y jóvenes, podría ser una buena idea el alentar a los participantes del grupo a que se ejerciten en hablar con sus hijos. Si hubiera algunas personas en el grupo que no tienen niños, hagámosles saber que igualmente pueden participar. (¡Pueden resultar excelentes mentores!) Formemos equipos de a dos; uno de los dos asumirá el rol de un niño o un adolescente y el otro actuará como un padre preocupado.

Indiquémosles que simplemente comiencen a hablar el uno con el otro como si estuvieran abriendo su corazón delante del mismo Jesús. Muchas veces a los padres les cuesta sentir aprecio por sus hijos y mostrarles amor cuando actúan inadecuadamente.

Sugiramos a los equipos que hablen acerca de algunas cosas positivas, como un partido de fútbol, un ensayo de las porristas que alientan al equipo, o aun sobre el atractivo muchacho o la linda chica que se sienta en el banco de al lado en la clase. También deberían hacer aflorar algunas cuestiones espinosas como el embarazo en las adolescentes, las drogas, y la obtención de notas bajas. Cambiar luego de papel para que cada uno tenga la posibilidad de asumir ambas perspectivas. Este breve juego de intercambio de roles ayudará a los padres a desarrollar una relación aún más cercana con sus hijos.

SESIÓN DE GRUPO 6

REVISAR EL REGISTRO SEMANAL DE ORACIÓN

E. Oremos juntos

Presentamos aquí un plan para coordinar el tiempo de oración del grupo. Debemos mantener actualizado el registro de las cargas y pedidos de oración, revisándolo y renovándolo cada semana

1. *¿Por qué cosas hemos estado orando? ¿Qué motivos de oración hemos anotado en la sección «Tiempo de oración» del manual? (Repasemos con los miembros del grupo la sección diaria de «Tiempo de oración» de cada uno.)*

   - *Cargas:*

   - *Alabanza y gratitud:*

   - *Peticiones:*

2. *¿Hemos asumido algún compromiso que el grupo pueda respaldar a través de la oración y el aliento diarios? (Repasemos junto con los miembros del grupo la sección diaria «Avanzar hacia un compromiso«.)*

3. *¿Qué nuevos asuntos deberíamos agregar al registro de oración semanal de nuestro grupo?*

AGREGAR ELEMENTOS DE IMPACTO

(Optativo) Si queda tiempo y percibimos interés, antes de que los miembros del grupo regresen a sus casas, pueden alentarse unos a otros aportando uno o más pasajes de las Escrituras que hayan estudiado durante la semana en la sección «Examinar la Palabra». Pueden contarnos sobre pasajes específicos que hayan hecho «sonar una campanita» dentro de ellos. También pueden realizar algún comentario breve sobre alguna de las preguntas referidas a las escrituras que aparecen debajo.

- *¿Por qué los seres humanos muestran un apetito insaciable por alcanzar un conocimiento como el de Dios, tal como se aprecia en Génesis 3:5?*

- *Proverbios 1:7 dice: «El temor del SEÑOR es el principio del conocimiento». Describir lo que significa el temor a la luz de este versículo.*

- *Proverbios 22:6 da instrucciones específicas a los padres o a aquellos que toman cuidado de los niños. Analizar este versículo y anotar lo que sucedería si todos los padres obedecieran este consejo.*

Utilicemos los espacios que aparecen debajo para tomar notas a medida que los miembros del grupo nos transmiten sus cargas de oración. Luego establezcamos juntos el método que usaremos para orar. Como grupo revisemos periódicamente este registro para detectar qué oraciones ya han sido respondidas, y obtener información actualizada.

Nombre	*Fecha*	*Carga / Gratitud / Petición*
————	————	————————————————
————	————	————————————————
————	————	————————————————
————	————	————————————————
————	————	————————————————
————	————	————————————————
————	————	————————————————
————	————	————————————————
————	————	————————————————
————	————	————————————————

¿Listos para recapitular?

Semana 6: El instituto de altos estudios de Dios

Dediquemos algún tiempo a repasar lo que hemos aprendido durante la semana. Elijamos algunas de estas preguntas (o todas) para hacer la revisión con los miembros del grupo:

- (Día 1) Definir el término «cosmovisión». De acuerdo con el Dr. Evans, cuáles son las dos cosmovisiones fundamentales en lo que hace a educación? Describirlas brevemente.

H_____ista:

T_____ísta:

- (Día 2) ¿Contrastar las perspectivas bíblicas con los puntos de vista del mundo sobre cuestiones como educación sexual, evolución y claridad en cuanto a los valores.

- (Día 3) En Deuteronomio 6:1-2, ¿qué le dijo Moisés a Israel con respecto a la educación de sus niños?

- (Día 4) Según Génesis 3:4-5, ¿de qué modo intentó Satanás frustrar los planes de Dios en cuanto a educación?

- (Día 5) ¿Cuál es el rol del gobierno, la familia y la iglesia en lo que se refiere a la educación de nuestros niños y jóvenes?

- ¿Qué otra información, conceptos o preguntas de nuestro estudio semanal nos gustaría destacar ante el grupo en este momento? (Sintámonos libres para mencionar pasajes de la Escritura tomados del apartado «Examinar la Palabra».)

Se concede permiso para fotocopiar esta página solo para uso ministerial.

Hablémoslo a fondo

Semana 6: El instituto de altos estudios de Dios

De a dos, o en pequeños grupos, considerar las preguntas de aplicación práctica que aparecen a continuación. El líder asumirá la dirección para poder centrarnos en las preguntas específicas. Estemos preparados para presentar un resumen de lo que se ha debatido en los pequeños grupos j –junto con cualquier otra perspectiva clave– delante de todo el grupo cuando volvamos a reunirnos.

- El día 1 el Dr. Evans nos dijo que un personaje del Antiguo Testamento fue tentado por una perspectiva mundana común en sus días. Describir ese incidente, y señalar cómo podríamos haber actuado en una situación similar.

- De acuerdo con lo que leímos el día 2, ¿por qué resulta tan peligroso impartir conocimientos a los niños sin darles patrones claros de verdad.

- Según lo expuesto en el día 3, ¿cuál es el patrón bíblico para enseñar a los niños? ¿Cómo podría funcionar en nuestros días?

- En el día 4 hemos hablado del juicio venidero de los creyentes. ¿El concepto de tribunal de Cristo es un pensamiento feliz para ti, o te infunde temor? Explica por qué.

- En una palabra, mencionar cuál es la forma de sanear la educación señalada el día 5. Dar un ejemplo de cómo funciona esta cura.

- ¿Qué otros conceptos, perspectivas o aplicaciones relacionados con nuestra semana de estudio nos gustaría mencionar? (Sintámonos libres para mencionar las Escrituras especialmente significativas que hayamos leído en «Examinar la Palabra».)

Se concede permiso para fotocopiar esta página solo para uso ministerial.